Nadja Döring – Frédéric Vermeersch

Caramel

1

Cahier d'activités

didier

Illustrations : Catherine Claveau, Sophie Dressler, Annie-Claude Martin

Conception graphique : Créations Dumas

Mise en page : Nelly Benoit

Photogravure : Eurésys

© Les Éditions Didier, 2002   ISBN 978-2-278-05015-4   Imprimé en France

Imprimerie Hérissey - N° 108592 - Dépôt légal : juin 2008 - N° 5015/09

Sommaire

ANNEXES

Tu connais la France ?

exercice 1

Découpe (annexe page 2) tous les mots français que tu connais déjà dans ta langue et colle-les.

BAGUETTE

tomate

chocolat

girafe

exercice 2

Retrouve les mots cachés dans la grille. Entoure-les.

A	O	V	G	M	Y	B	E	N
C	R	O	I	S	S	A	N	T
R	A	U	R	O	U	N	A	O
I	N	T	A	Z	T	A	X	I
O	G	S	F	B	E	N	T	P
N	E	X	E	E	V	E	R	L
G	C	Q	U	H	S	K	E	U
H	M	A	E	R	E	L	F	P

3

Colorie les lettres brodées.

A B C D E F G H I J K L M
N O P Q R S T U V W
X Y Z

4

Écris les lettres dans les dessins selon les modèles.

5

Aide-toi des modèles pour déguiser les lettres.
Colorie-les ensuite. Termine enfin les modèles d'écriture.

exercice

6

Colorie les deux drapeaux puis complète ta carte d'identité.

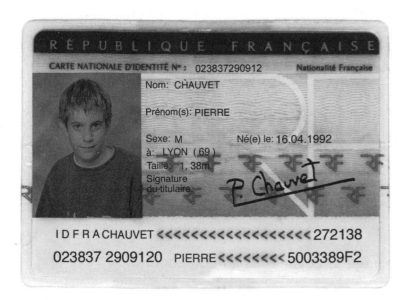

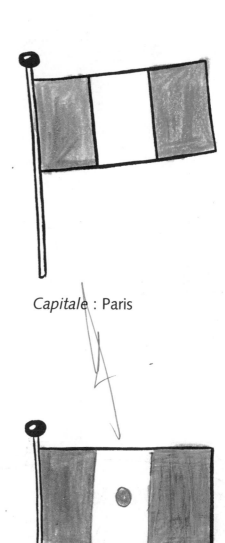

Capitale : Paris

Capitale : MeXiCO D.F.

1 Au terrain de jeu et d'aventure

Jeu du loto

Découpe les images (annexe page 3) et colle-les au bon endroit.

ping-pong

cache-cache

football

basket

Puzzle

Reconstitue le puzzle (annexe page 3) et colorie-le !

exercice 3

Écoute et numérote les cases correspondant à chaque réplique.

2

3

6

4

1

5

exercice 4 | **La bande dessinée**

Découpe les répliques (annexe page 3) et colle-les au bon endroit.

exercice **5** | **Les étiquettes**

Découpe les étiquettes (annexe page 3) et colle-les au bon endroit.

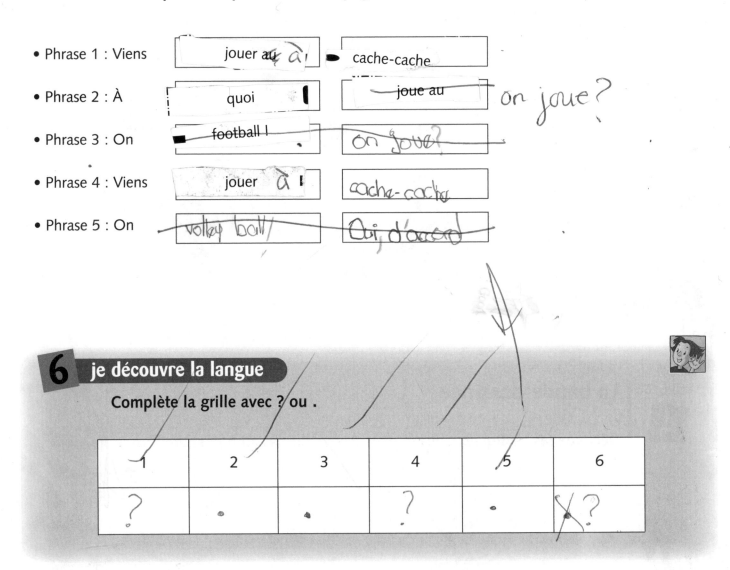

- Phrase 1 : Viens [jouer au à] [cache-cache]
- Phrase 2 : À [quoi] [joue au] on joue?
- Phrase 3 : On [football !] on joue?
- Phrase 4 : Viens [jouer à] cache-cache
- Phrase 5 : On volley ball Oui, d'accord

6 | je découvre la langue

Complète la grille avec ? ou .

1	2	3	4	5	6
?	.	.	?	.	?

j'ai compris

À quoi on joue?
Mi est du chocolat !

exercice 7

Numérote les phrases dans l'ordre et recopie-les.
Puis colorie l'image !

– Tu viens jouer ?	1
– Au football ?	5
– Au ping-pong.	3
– À quoi on joue ?	2
– Oui, d'accord.	6
– Ah ! Non !	4

Recopie !

– Tu viens jouer ?
– À quoi on joue ?
– Au ping-pong ?
– Ah ! Non !
– Au football ?
– Oui, d'accord.

La course de poneys

Relie !

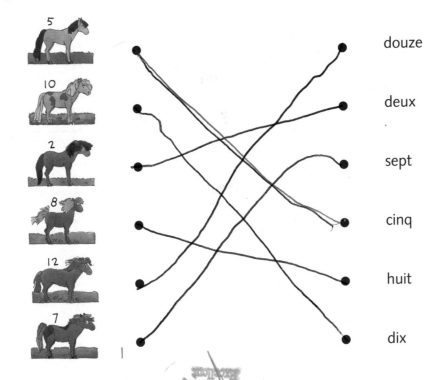

douze

deux

sept

cinq

huit

dix

Aide-toi des illustrations pour faire la grille de mots croisés.

on fait le point...

exercice 1 | Le jeu des intrus

Dessine les six intrus.

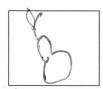

exercice 2 | Complète les bulles !

Tu viens jouer au football? _Oui___!

____? : ....

____ : ....

_Tu viens jouer? à cache-cache   Oui À quoi on joue?

____? : ....

____ : ....

Tu viens jouer au ping-pong?   Oui d'accord

____? : ....

____ : ....

C'est juste?

Tu viens jouer au ping pong?   Ah non c'est faux!

____ : Tu viens jouer

____! : ....

2 Au poney-club

exercice

1 Relie par des flèches.

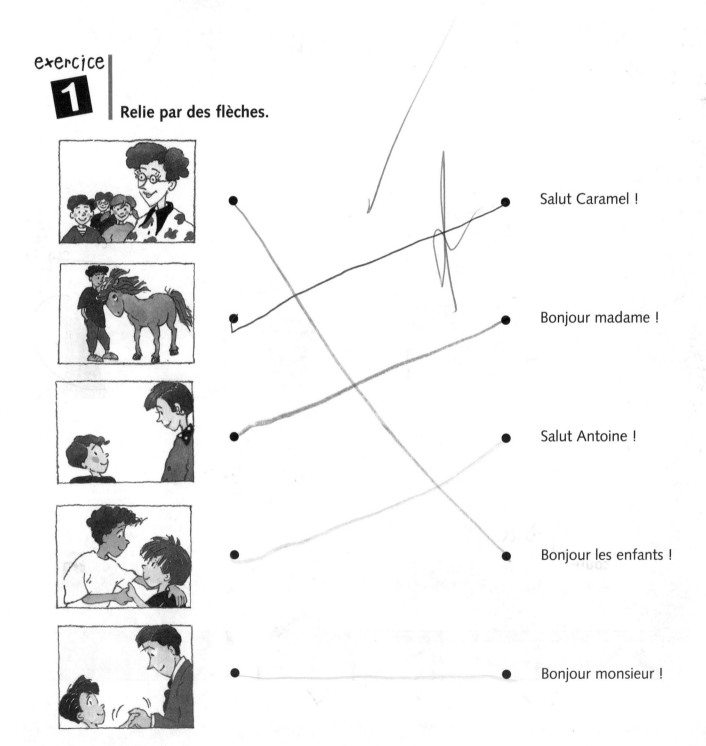

Salut Caramel !

Bonjour madame !

Salut Antoine !

Bonjour les enfants !

Bonjour monsieur !

exercice **2**

Écris ce qui convient.

exercice **3**

Jeu des différences

Écoute et complète le tableau.
Phrase identique : ✔ - Phrase différente : ✘

1	2	3	4	5	6
✔	✘	✔	✘	✘	✔

exercice 4 | Les mots cachés

Dans la grille, entoure les mots : madame, monsieur, bonjour, salut, poney.

B	D	I	O	F	A	S	R	V
T	P	S	M	A	D	A	M	E
T	B	O	R	X	S	L	O	Q
M	O	N	S	I	E	U	R	U
J	N	F	C	A	A	T	M	O
L	J	A	R	C	N	D	M	Z
P	O	N	E	Y	L	E	P	E
W	U	C	D	G	L	I	H	N
Q	R	P	Y	A	R	T	S	A

exercice 5

Écoute et colorie !

1ʳᵉ série : [a]

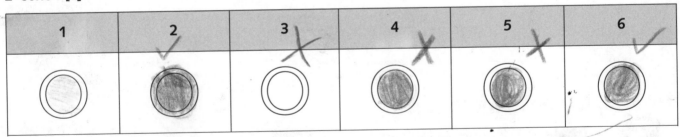

2ᵉ série : [ã]

3ᵉ série : [a] et [ã]

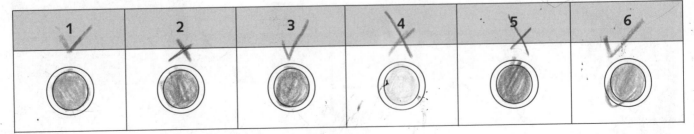

16 • Seize

exercice

Découpe les étiquettes (annexe page 6). Colle chaque fois les deux éléments qui vont ensemble puis écris la phrase ainsi reconstituée.

Colle les étiquettes dans l'ordre :

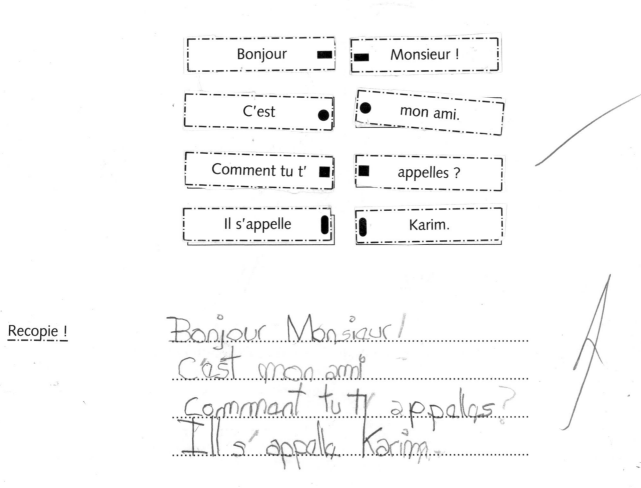

Bonjour ▬	▬ Monsieur !
C'est ●	● mon ami.
Comment tu t' ■	■ appelles ?
Il s'appelle	Karim.

Recopie !

Bonjour Monsieur !
C'est mon ami
Comment tu t' appelles ?
Il s' appelle Karim.

j'ai compris **!** *il et elle*

Il joue au ping pong
Elle joue à cache-cache

Relie !

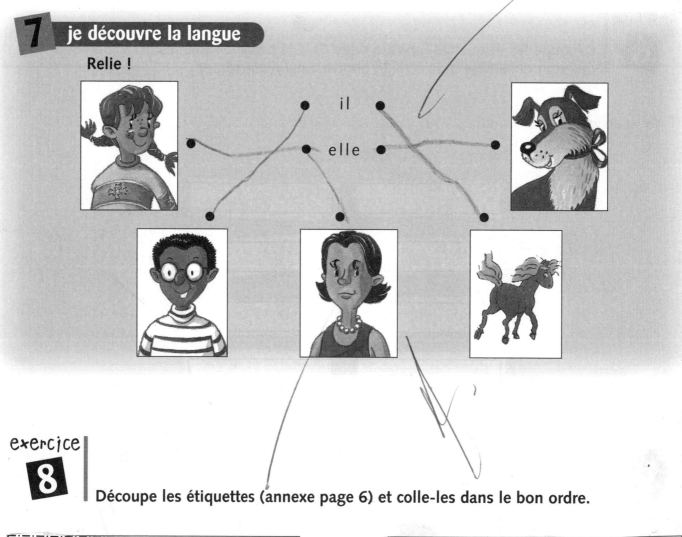

il

elle

---

exercice

8

Découpe les étiquettes (annexe page 6) et colle-les dans le bon ordre.

Salut ! Comment tu t'appelles ?

③ Tu viens faire du poney ?

② Je m'appelle Vincent.

④ Oui, d'accord.

---

exercice

9

Découpe les images (annexe page 6) et colle-les dans le bon ordre.

Caramel perd la course.

M. Duval est en colère.

Caramel a peur.

Caramel s'en va.

 exercice 10 | **Le poney Caramel**

Découpe le modèle (annexe page 6) et suis les instructions ci-dessous.

MATÉRIEL

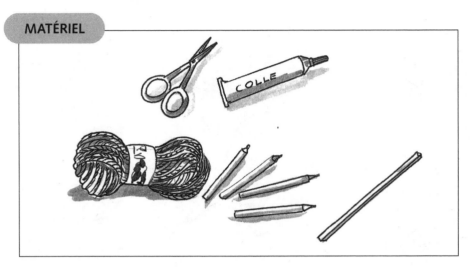

→ Étape 1

<u>Découpe !</u>

→ Étape 2

<u>Colorie !</u>

→ Étape 3

<u>Fabrique la tresse !</u>

→ Étape 4

<u>Colle !</u>

→ Étape 5

<u>Colle !</u>

VOILÀ CARAMEL !

on fait le point...

exercice 1

Je recherche

Retrouve les éléments ci-dessous dans l'image du livre page 22.

exercice 2

Complète les bulles !

La semaine du goût

exercice

1

Trouve le bon chemin !

Manon   Antoine   Agathe   Caramel

Manon aime le ...... citron ......
Agathe n'aime pas le ...... limon ......

Antoine aime le ...... chocolat ......
Caramel aime la ...... salad ......

exercice 2

Le chien Finot a marché sur le cahier de Manon.
Complète le texte à l'aide de la liste de mots.

gâteau au chocolat - école - chef - oui - semaine

C'est la *samaine* du goût. Un grand *chaf* est à l' *écola*

– C'est du *gâteau au chocolat* ?

– *Oui*, c'est juste .

exercice 3

Complète les bulles avec les éléments proposés.

très bon - gâteau au chocolat - n'aime pas - Je m'appelle

C'est du ....!

La toque du grand chef

Suis les instructions ci-dessous.

MATÉRIEL

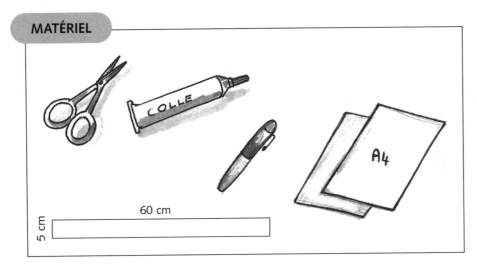

60 cm

5 cm

→ **É t a p e 1**

Plie !

→ **É t a p e 2**

Colle !

→ **É t a p e 3**

Écris !

→ **É t a p e 4**

Colle !

→ **É t a p e 5**

Colle !

ET VOICI
LA TOQUE DU GRAND CHEF !

exercice
5

Écoute et écris la lettre dans la grille. Puis dessine et colorie !

1	C
2	A
3	R
4	A
5	M
6	E
7	L

Tu as trouvé le mot mystérieux ?
Maintenant, dessine et colorie !

6 **je découvre la langue**

Complète !

J'aime ....

Je n'aime pas ....

J'aime the gâteaux

Je n'aime pas le poison

Je n'aime pas le soccer

exercice 7

Remets les deux phrases dans l'ordre et écris-les dans les trains.

Phrase 1 : aime / Floriane / n' / le citron / pas

Phrase 2 : pas / Thomas / n' / aime / le poisson

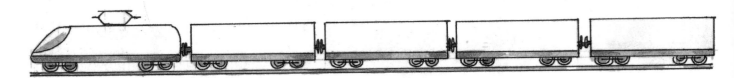

 j'ai compris ! ne ... pas

. . . .

. . . .

. . . .

. . . .

exercice 8

a) Fais une croix quand tu entends [b].
b) Entoure le dessin quand il y a [b] dans le mot.

a)

1	2	3	4	5	6	7	8	9	10

b)

exercice **9**

Découpe les étiquettes (annexe page 7) et colle-les au bon endroit.

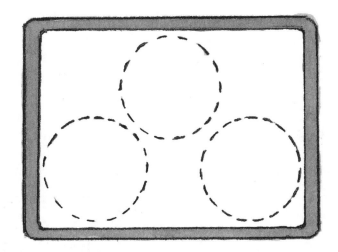

MENU

salade de tomates
steak haché - frites
banane

MENU

salade
poisson - riz
glace au citron

MENU

poulet - haricots
verts
gâteau au chocolat

on fait le point...

exercice 1

À l'aide des lettres mélangées, réécris les mots.

TIONCR   COHATCLO   USERC

....

exercice 2

Complète les bulles.

exercice 1

Entoure la bonne réponse.

Dialogue 1 :

1. Jérémy aime jouer à cache-cache.　　V　　F

2. Jérémy joue avec Julie.　　V　　F

3. Jérémy aime le basket.　　V　　F

Dialogue 2 :

1. La fille s'appelle Catherine.　　V　　F

2. L'ami de Pierre s'appelle Karim.　　V　　F

3. Il aime le gâteau au chocolat.　　V　　F

exercice 2

Entoure l'intrus.

1. salut / d'accord / bonjour

2. jouer / manger / le citron

3. le poney / l'hippopotame/ le zoo

4. le gâteau / la banane / le citron

exercice 3

Écris les phrases correctes.

1. ej　　ojue　au　besakt

....

2. ec'ts　omn　mia, li　s'pepllea　akirm

....

3. j'meai　esl　utesscte

....

exercice

4 | Colorie.

trois + deux	un + un	six + six	neuf + trois	deux + un	deux + deux
quatre + sept	quatre + deux	quatre + huit	huit + quatre	dix + un	dix + deux
six + deux	quatre +quatre	huit + deux	six + quatre	cinq + trois	un + sept
six + six	deux + trois	deux + huit	neuf + un	trois + un	neuf + deux
deux + trois	huit + un	quatre + six	sept + trois	quatre + deux	quatre + sept
trois + un	trois + trois	cinq + deux	six + un	un + huit	huit + trois
neuf + deux	deux + deux	trois + quatre	un + six	deux + trois	trois + un
trois + un	huit + quatre	cinq + deux	cinq + deux	six + six	quatre + un

Légende :

○ rouge : .... + ... = 12

○ jaune : .... + ... = 10

○ vert : .... + ... = 8

○ bleu : .... + ... = 7

La sortie au lac de Saint-Ferréol

exercice

1

Complète avec *merci, pardon* **ou** *au revoir*.

Caramel doit aller au manège. Le texte comporte des erreurs.
Retrouve-les et réécris le texte correctement.

➤ D'abord, c'est tout droit, puis à gauche.
Après, c'est à droite puis tout droit.

D'abord, c'est ....

....

Le bateau doit arriver au port. Le texte est dans le désordre. Réécris-le dans le bon ordre.

➤ Après c'est à droite, tout droit.
D'abord, c'est à gauche, puis tout droit, puis à gauche.

....

....

3

Complète les mots croisés en t'aidant des illustrations.

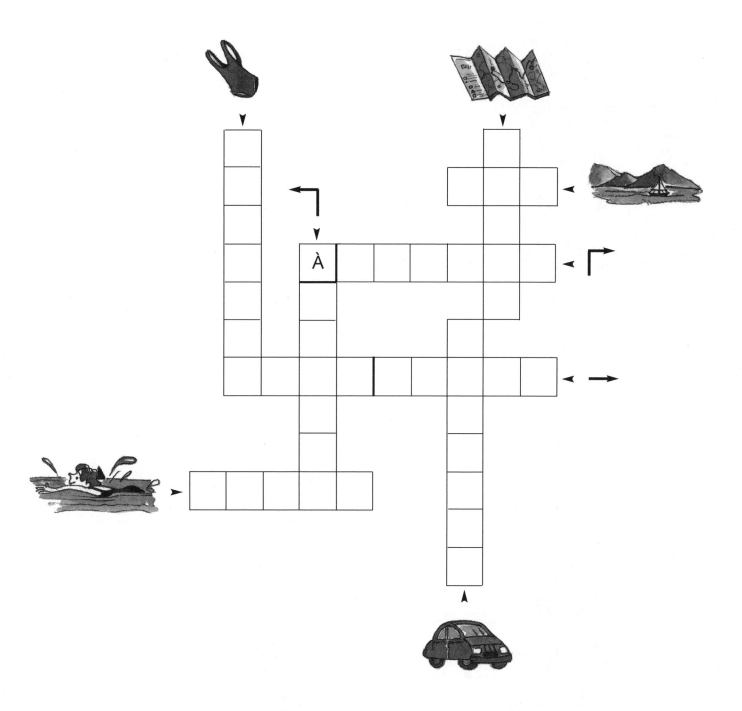

4

Relie !

13

15

17

20

14

16

18

19

- quinze
- vingt
- treize
- seize
- dix-sept
- quatorze
- dix-neuf
- dix-huit

5 je découvre la langue

Le robot

Découpe le modèle (annexe page 11) et suis les instructions ci-dessous.

MATÉRIEL

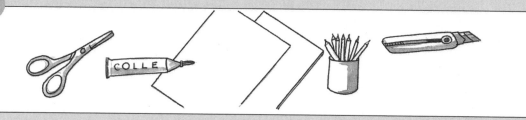

→ **É t a p e   1** → **É t a p e   2** → **É t a p e   3**

Découpe ! Colorie ! Colle l'image sur du carton et
découpe !

→ **É t a p e   4**

Regarde !

→ **É t a p e   5**

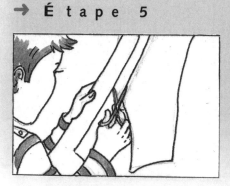

Découpe !

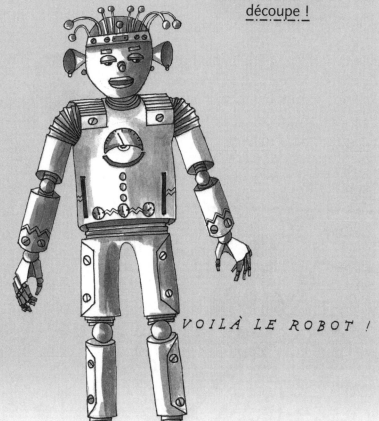

VOILÀ LE ROBOT !

6 a) Fais une croix quand tu entends [s].
b) Entoure le dessin quand il y a [s] dans le mot.

a)

1	2	3	4	5	6	7	8	9	10

b)

exercice **7**

Les marionnettes Manon et Finot

Découpe les modèles (annexe page 14) et suis les instructions ci-dessous.

MATÉRIEL

➜ **É t a p e 1**

Découpe !

➜ **É t a p e 2**

Colorie !

➜ **É t a p e 3**

Colle !

VOILÀ MANON ET FINOT !

Complète les phrases en t'aidant de ton robot.

Ouh ! Ouh ! Nous .... là !

Elles .... sur le vélo.

Oh ! Vous .... petits !

Oh ! Tu .... petit !

Je .... un grand chef !

Il .... bon, le gâteau au chocolat !

On fait le point...

exercice 1

« Labyrinthe : Ne perds pas le chemin »

Tu pars de la maison de Manon.
Suis le code et trace le chemin.
Code : 7, 7, 13, 7, 13, 16, 7, 16.

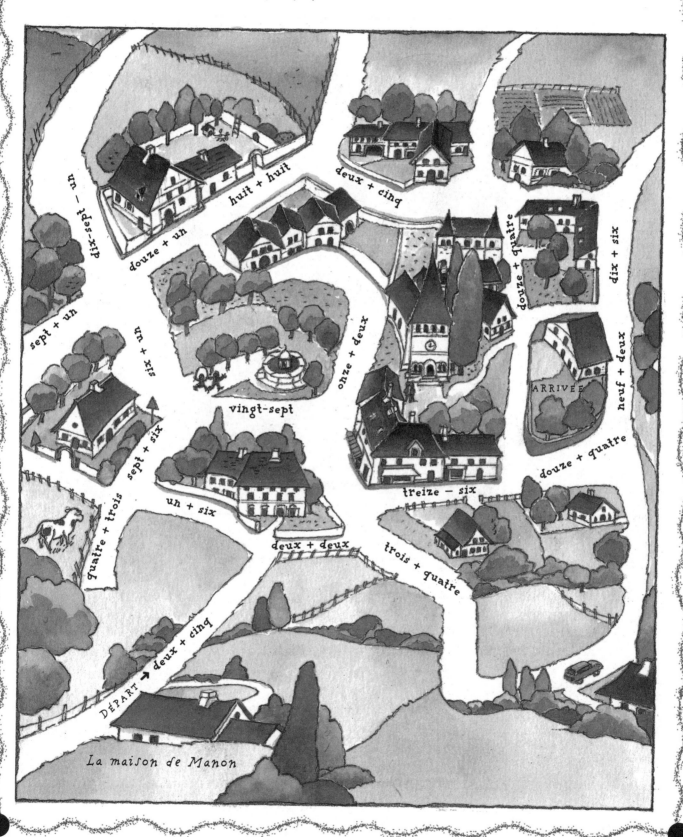

dix-sept − un

huit + huit

deux + cinq

douze + un

douze + quatre

dix + six

sept + un

six + un

onze + deux

neuf + deux

ARRIVÉE

vingt-sept

sept + six

quatre + trois

un + six

treize − six

douze + quatre

deux + deux

trois + quatre

DÉPART → deux + cinq

La maison de Manon

Complète les bulles.

On fait la course !

exercice 1

Relie !

Faire la course •

Aïe ! Mon bras ! •

J'ai gagné ! •

Faire du roller •

exercice 2 | **Le jeu des cailloux**

Complète avec les mots proposés !

genou - bras - jambe - main - pied

J'ai mal au ⬭⬭⬭⬭⬭ ....   J'ai mal au ⬭⬭⬭⬭ ....   J'ai mal à la ⬭⬭⬭⬭⬭ ....

J'ai mal au ⬭⬭⬭⬭ ....   J'ai mal à la ⬭⬭⬭⬭ ....

exercice 3 | **Complète !**

le bras

· · · · · · · · ·

· · · · · · · · ·

· · · · · · · · ·

· · · · · · · · ·

exercice 4 | **Écoute et colorie !**

1ʳᵉ série : [ʃ]

1	2	3	4	5	6
◯	◯	◯	◯	◯	◯

2ᵉ série : [ʒ]

1	2	3	4	5	6
◯	◯	◯	◯	◯	◯

exercice

5

Recopie chaque dialogue sous l'image correspondante et découvre le mot mystérieux.

– On fait la course ?

– Oui, j'aime **b**ien faire la course.

– Bonjour. C'est ton **a**mi ?

– Oui, c'est mon ami.

– Tu a**s** mal où ?

– J'ai mal au bras.

– Vas-y Thomas! C'est supe**r**!

3

– ....

– ....

2

– ....

– ....

1

– ....

– ....

4

– ....

– ....

LE MOT MYSTÉRIEUX :

1	2	3	4
.....	.....	.....	.....

Complète les phrases !

1. J'........ le bras cassé.

2. Elle .... un poney ?

3. Nous .... du gâteau au chocolat !

4. Tu .... mal au pied ?

5. Ils ..... quatre enfants.

6. Vous .... du chocolat ?

 exercice 7

Colorie !

CODE COULEUR : *1 = bleu - 2 = jaune - 3 = vert - 4 = noir - 5 = marron - 6 = rouge*

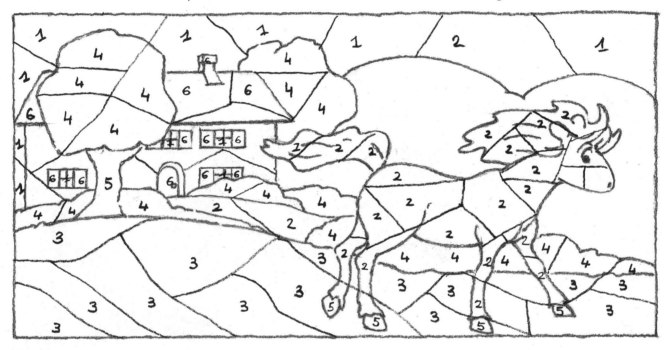

 exercice 8

Retrouve les 6 couleurs !

B	A	D	M	A	R	R	O	N
C	E	G	H	K	M	C	E	V
V	M	O	N	N	O	I	R	R
E	U	Y	R	T	M	M	I	B
R	O	U	G	E	J	J	O	L
T	D	T	E	L	A	A	I	E
O	A	M	E	O	G	U	L	U
O	M	B	L	U	N	N	K	O
S	E	A	S	A	E	E	L	E

on fait le point...

exercice 1 | Coloriage

Colorie le mandala.

CODE COULEUR :

1 = *bleu*
2 = *rouge*
3 = *jaune*
4 = *vert*
5 = *marron*
6 = *noir*

exercice 2 | Complète les bulles

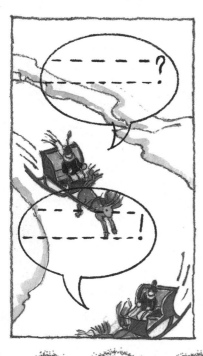

Une bouteille
à la mer

1

Retrouve le message codé et écris-le.

Le message codé :

....

CODE DES LETTRES :

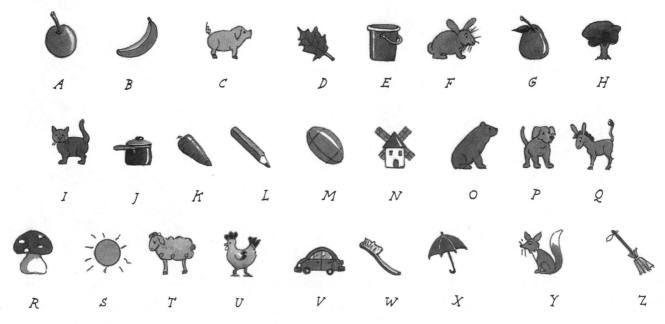

exercice **2**

Écoute et colorie !

1re série : [t]

1	2	3	4	5	6	7	8	9	10
◯	◯	◯	◯	◯	◯	◯	◯	◯	◯

2e série : [d]

1	2	3	4	5	6	7	8	9	10
◯	◯	◯	◯	◯	◯	◯	◯	◯	◯

exercice **3** | Les étiquettes

Découpe les étiquettes (annexe page 22).
Colle les étiquettes et recopie la phrase.

- Phrase 1 : C'

- Phrase 2 : Je

- Phrase 3 : Ah !

- Phrase 4 : Arrêtez

1. ....

2. ....

3. ....

4. ....

Je fabrique une marionnette et je dessine une famille

Découpe les documents (annexe page 22) et suis les instructions ci-dessous.

MATÉRIEL

La marionnette

➔ **É t a p e   1**

Découpe !

➔ **É t a p e   2**

Dessine puis colorie !

➔ **É t a p e   3**

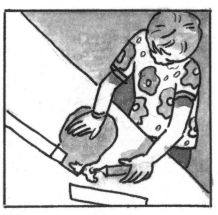

Colle !

*VOILÀ UN EXEMPLE
DE MARIONNETTE !*

La famille

→ **É t a p e 1**

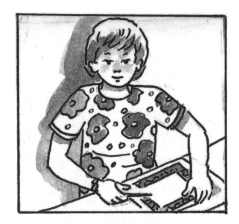

Découpe !

→ **É t a p e 2**

Dessine !

→ **É t a p e 3**

Colorie !

VOILÀ UN EXEMPLE DE FAMILLE !

exercice

5

Découpe (annexe page 23) puis colle les étiquettes dans l'ordre.

Découpe (annexe page 23) puis colle les photos sur l'album.

Complète !

Mots : *Il s'appelle - un frère - m'appelle - Bonjour - un chien - une sœur - Denis*

.... ,

Je ....

J'ai .... Il a 12 ans.

J'ai .... Elle a 5 ans.

Mon papa s'appelle Jean-Marc.

Ma maman s'appelle Cécile.

Nous avons aussi ....

.... Toby.

Et toi, qui es-tu ? Écris-moi vite !

8 je découvre la langue

a) **Colorie les cadres de la bonne couleur (rouge, bleu ou vert).**
b) **Relie puis complète avec** *mon, ma, mes*.

...... sucettes !   •   •

...... poney !   •   •

...... chien !   •   •

...... bouteille !   •   •

...... sucette !   •   •

(j'ai compris) **!**   *mon, ma, mes*

....

....

....

....

exercice 9

Décris ta famille puis dessine-la !

....

....

....

....

exercice 10

Vrai ou faux ?

Écoute et complète la grille.

1	2	3	4	5

exercice 1

Le serpent de mer

Retrouve les mots cachés dans le serpent.
Réécris chaque mot sous le dessin correspondant.

ney bou tre po son pois teille let

Le ....   Le ....   La ....   La ....

exercice 2

Complète les dialogues et la lettre.

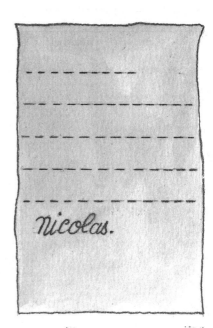

nicolas.

exercice

1 **Entoure la réponse qui convient.**

Dialogue 1 :

1. Julie cherche le lac.   V   F

2. C'est d'abord à droite puis tout droit.   V   F

3. C'est d'abord à gauche puis tout droit.   V   F

Dialogue 2 :

1. Les enfants font la course.   V   F

2. Jérémy a mal au pied.   V   F

3. Le vélo n'est pas cassé.   V   F

Dialogue 3 :

1. Anne-Catherine habite à Tours.   V   F

2. Son frère s'appelle Yannis.   V   F

3. Anne-Catherine a 9 ans.   V   F

exercice

2 **Entoure l'intrus.**

1. le chien / le poisson / le vélo

2. le pied / la main / la lettre / la jambe / le genou

3. rouge / noir / marron / le ballon / jaune

4. Je suis / Il est / Il a / Tu es

5. Tu m'énerves ! / Ça suffit ! / C'est super ! / Zut !

exercice

3 **Réécris les phrases.**

1. vélo / est / mon / cassé   ....

2. ne / je / pas / sais   ....

3. de / disputer / vous / arrêtez   ....

exercice

4 | Colorie !

douze + trois	onze + cinq	sept + neuf	cinq + onze	dix + six	six + cinq
douze+ deux	dix + trois	onze + deux	six + sept	sept + six	six + six
dix-sept + un	cinq + huit	neuf + quatre	douze + un	huit + cinq	un + treize
treize + quatre	un + quinze	quatorze + deux	douze + quatre	dix + six	deux + douze
douze + quatre	quinze + trois	quinze + un	six + dix	quinze + deux	treize + trois
treize + trois	quatorze + deux	dix + dix	douze + huit	quatre + douze	deux + quatorze
dix-sept + deux	dix-huit + un	trois + seize	quatre + quinze	quatorze + cinq	treize + six
dix + deux	douze + sept	un + dix-sept	trois + trois	huit + onze	quatre + treize

Légende :

rouge : .... + ... = 20

jaune : .... + ... = 16

noir : .... + ... = 19

bleu : .... + ... = 13

Dictionnaire

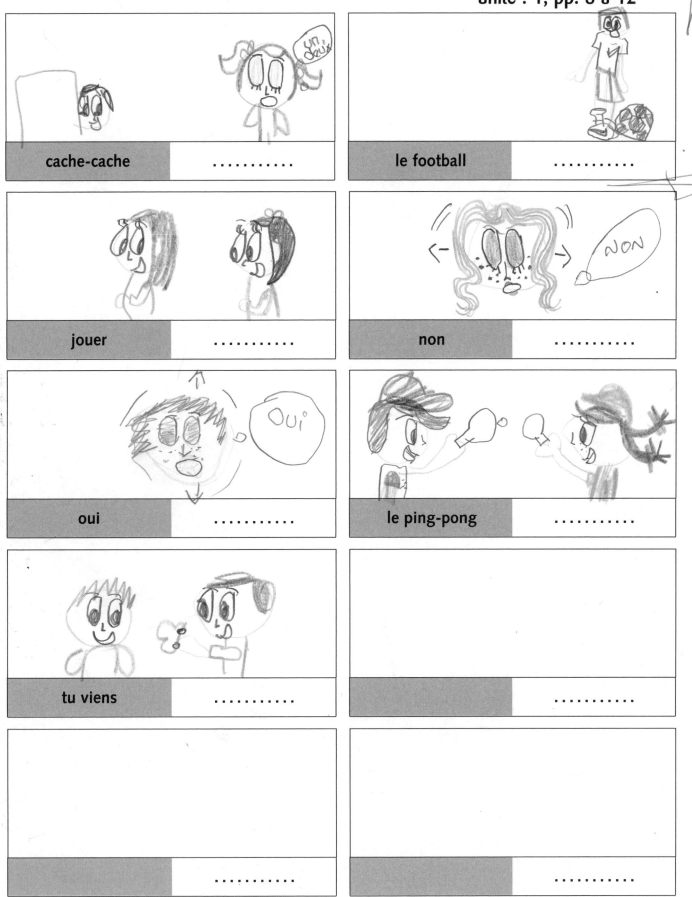

cache-cache	....
le football	....
jouer	....
non	....
oui	....
le ping-pong	....
tu viens	....
	....
	....
	....

Dictionnaire

un ami	. . . .
les enfants	. . . .
monsieur	. . . .
le zoo	. . . .
	. . . .

bonjour	. . . .
madame	. . . .
salut	. . . .
	. . . .
	. . . .

j'aime	. . . .

je n'aime pas	. . . .

c'est bon	. . . .

les bonbons	. . . .

l'école	. . . .

le gâteau au chocolat	. . . .

la glace	. . . .

	. . . .

	. . . .

| la fille | .... |
| le garçon | .... |

| nager | .... |
| au revoir | .... |

| je ne sais pas | .... |
| le vélo | .... |

| la voiture | .... |
| | .... |

| | .... |
| | .... |

| le ballon | .... |
| bleu | .... |

| le bras | .... |
| l'hôpital | .... |

| la jambe | .... |
| il a mal au pied | .... |

| rouge | .... |
| | .... |

| | .... |
| | .... |

| la bouteille | . . . . | cassé(e) | . . . . |

| le chien | . . . . | le frère | . . . . |

| une lettre | . . . . | petit / grand | . . . . |

| la sœur | . . . . | | . . . . |

| | . . . . | | . . . . |

Annexes →

Exercice **9**, page 27

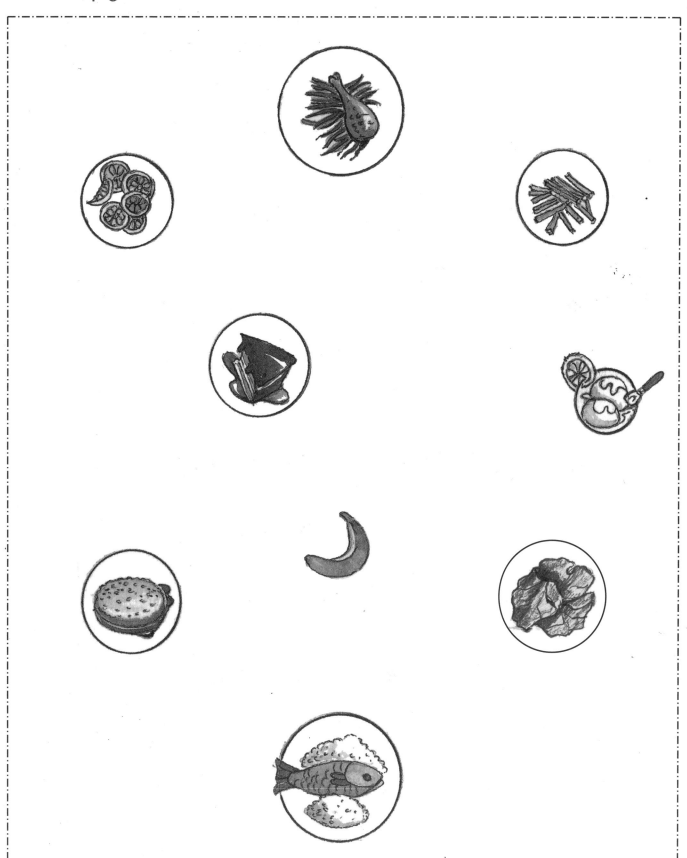

Livre de l'élève, **recette du « bananagâteau », page 29, n° 6**

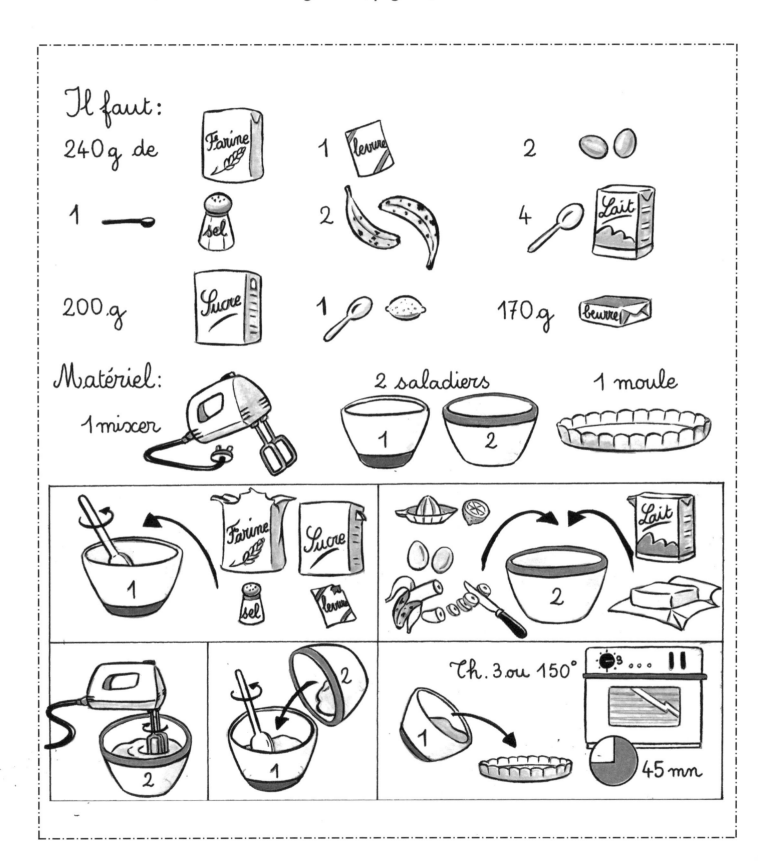

Exercice **5**, page 35

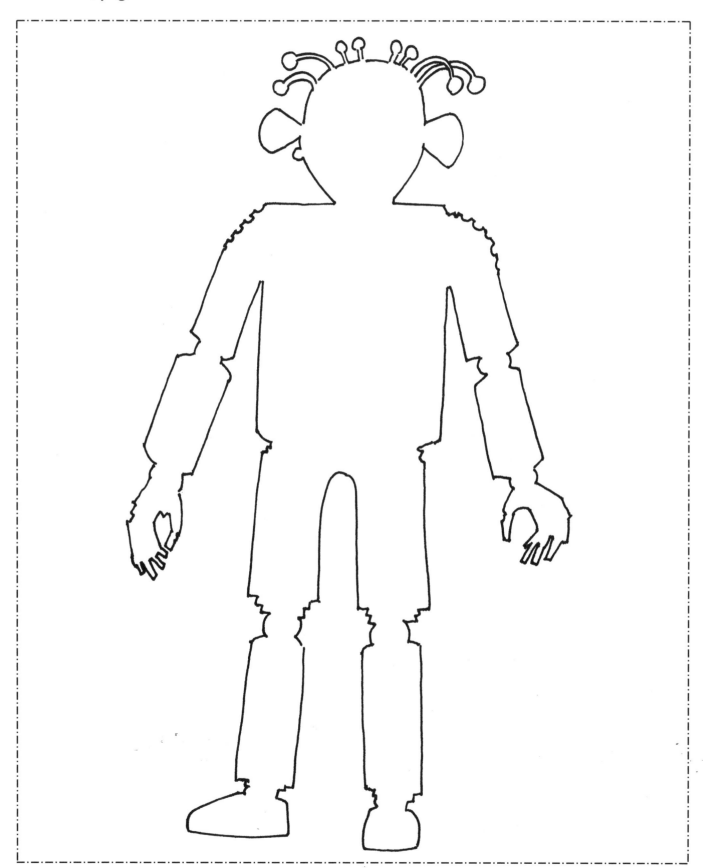

Exercice 7, page 37

« Caramel et ses amis : la rencontre » • *Livre de l'élève*, **pages 42 et 43, n° 11**

Fiche 1	Fiche 2	Fiche 3
1. « Je m'appelle Manon. Et ça, c'est mon chien. Il s'appelle Finot. »	1. *Manon......*	2. *Finot......*
2. *Finot......*	2. « Je veux jouer au ballon. »	3. *Manon......*
3. « Moi, je n'aime pas jouer au ballon. On va se promener. » « Mais où est Finot ? »	3. *Manon......*	4. *Finot......*
4. *Finot......*	4. « Wouaf, wouaf !! Je joue avec un lapin. »	5. *Manon......*
5. « Zut ! Aïe, aïe ! Mon pied. »	5. *Manon......*	6. « Bonjour ! Je m'appelle Caramel. »
6. *Caramel......*	6. *Caramel......*	7. *Finot......*
7. *Finot......*	7. « Mais qu'est-ce que tu fais ici ? »	8. « J'ai peur. Je suis perdu. »
8. *Caramel......*	8. *Caramel......*	9. *Manon......*
9. « Aïe, aïe ! J'ai mal au pied ! »	9. *Manon......*	10. « Viens! Je te porte. »
10. *Caramel......*	10. *Caramel......*	

jeu de dés : « À la découverte de Paris »

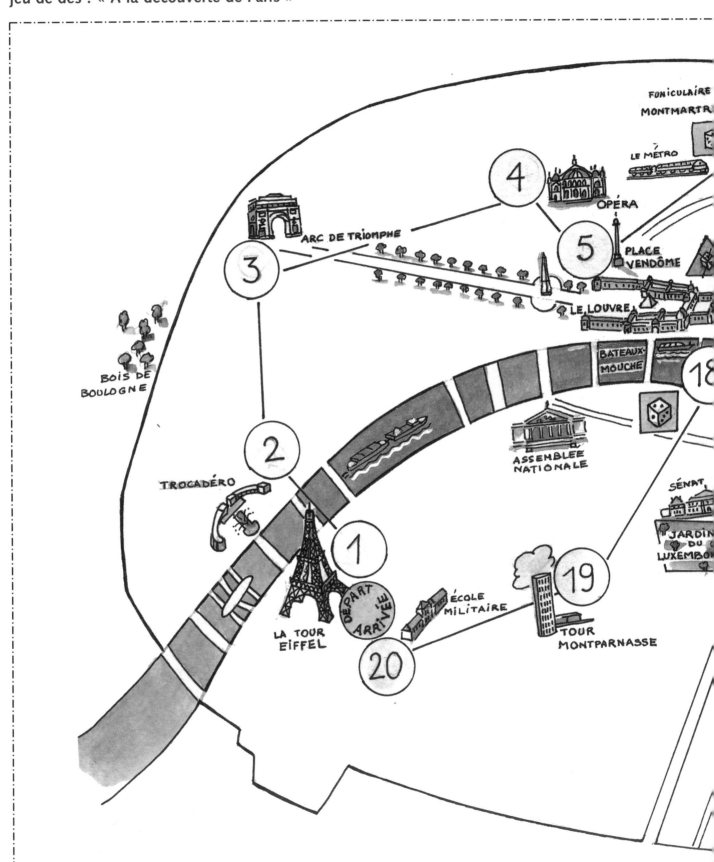

jeu de dés : « À la découverte de Paris »

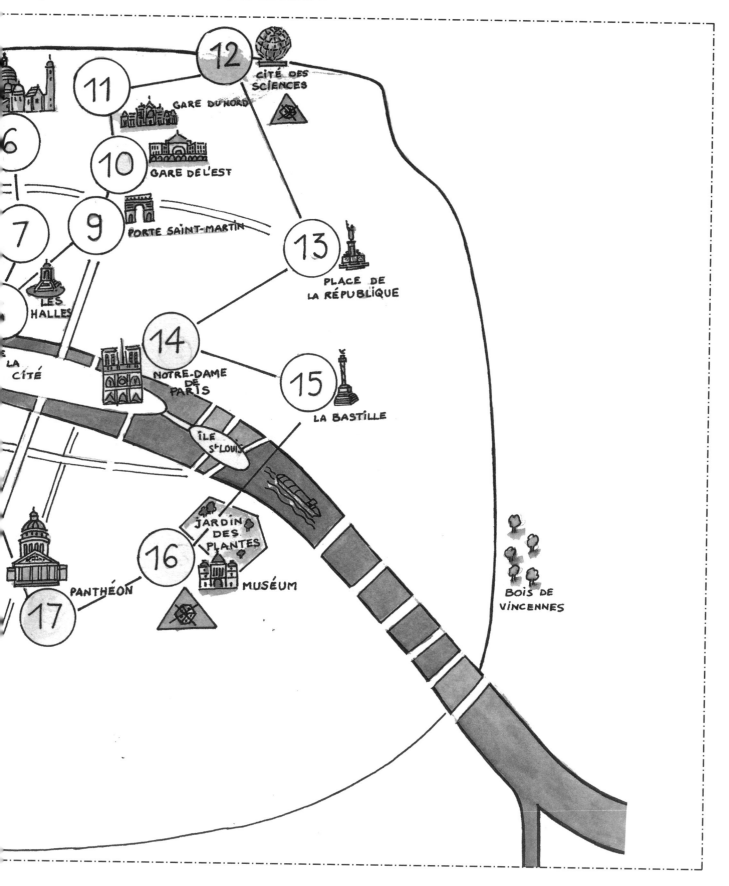

Annexes • unité 6

Exercice 3, page 47

est ■	veux ●	❚ est cassée !	■ poisson.
● bouteille !	■ disputer !	● la ●	de ■
■ vous ■	■ un ■	❚ Elle ❚	Zut ! ❚

Exercice 4, pages 48 et 49

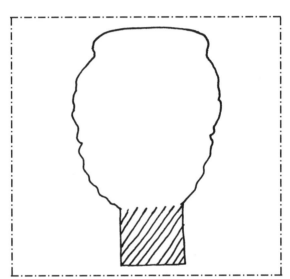

Annexes • unité 6

Exercice 5, page 49

| Je veux la bouteille ! | Ça suffit ! |

| C'est un poisson ? | Donne ! C'est ma bouteille. |

| Eh ! Regardez ! | Non, c'est une bouteille. |

| Oh ! Une lettre ! | Arrêtez de vous disputer. |

| Tu m'énerves ! | Ah ! Zut ! Elle est cassée. |

Exercice 6, page 50